El enigma de mi vida

Hacia un crecimiento impersonal

Título original: L'énigme de ma vie
© 2023, Éditions Almora

Copyright © 2025 para la edición española.
Ediciones Vesica Piscis
Derechos en lengua española arreglados por
Cristina Prepelita Chiarasini, agente literario

Ediciones Vesica Piscis
Suertes Viejas, 11
29170 Colmenar, Malaga, España
T: +34 952 730 466
administracion@vesicapiscis.eu
www.vesicapiscis.eu

Traducción: Sylvie Duran
Diseño de la portada y maquetación: Vesica Piscis
Todos los derechos reservados.

La editorial agradece la contribución de Neus Eulalia Valls Izard

ISBN: 978-84-15795-47-6
D.L.: MA 608-2025

Luc Bigé

El enigma de mi vida

Hacia un crecimiento impersonal

Recopilado y escrito por
Sarah Hirschmuller

vesica piscis

Prefacio

La obra de Luc Bigé es proteiforme. Toca temas muy diversos, y no es frecuente que una misma persona se adentre en todos ellos: la mitología, la astrología, el simbolismo del cuerpo, los nombres de pila y los días de la semana, así como la historia, la epistemología y la teoría del conocimiento. Es difícil dar con esta obra si no se está ya familiarizado con alguno de estos campos.

En otras palabras, hay puertas de acceso, pero todas son puertas «especializadas».

Esta obra, a pesar de las apariencias, es cualquier cosa menos especializada. Sea cual sea la puerta por la que entres, poco a poco, y sin darte realmente cuenta, acabas perdiéndote. Y ahí es donde empieza todo.

Tu atención se dirige silenciosamente hacia algo más subterráneo, no sabes muy bien qué. Tienes la sospecha de que bajo el suelo movedizo que pisamos como podemos a lo largo de nuestra vida para abrirnos camino se ha asentado un suelo nuevo, extrañamente firme.

Este suelo, lo presentimos, lo buscamos, quisiéramos literalmente tocar tierra bajo la tierra. Y poco a poco, nos damos cuenta de que el tema no está ni «ahí» ni «allá»; que ninguno de esos territorios se explora como un fin en sí mismo, y que todos ellos no son en realidad más que la trama, y quizá incluso el pretexto, de un misterioso tapiz que se va revelando poco a poco.

Revelando … ¿qué?

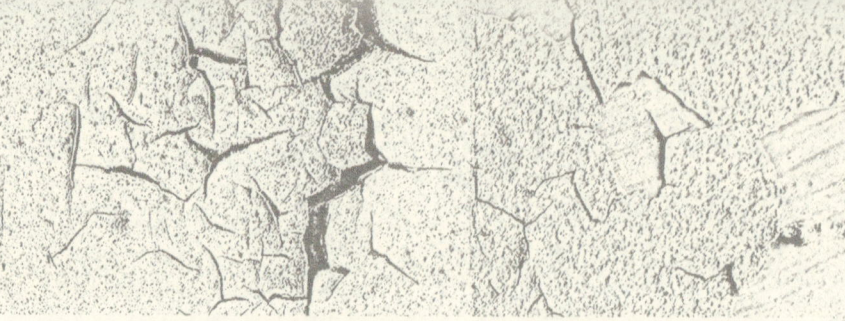

Una posibilidad y una esperanza: la de descubrir todo un nuevo horizonte de respuestas a la cuestión del sentido.

Verdaderamente nuevo, literalmente inédito. El sentido de nuestra presencia en el mundo, el sentido de estar aquí. El sentido mismo del sentido. Sin prohibirse nada, sin autorizarse abusivamente nada tampoco, sin recurrir a ninguna fe ni encorsetar ninguna ortodoxia: con toda sencillez, con toda razón, con una mezcla única de método e inspiración, de rigor y ligereza.

Para mí, el encuentro con esta obra fue como una inmensa y brutal bocanada de aire, la súbita revitalización de una loca esperanza, una esperanza que casi se había visto truncada por la sensación verdaderamente desesperante de tener que elegir entre, por un lado, una relación estrictamente racional con la realidad o, por otro, un periplo errante, sembrado de efímeros entusiasmos y sucesivos hastíos, a través de tantas espiritualidades más o menos erigidas en sistema.

«Una esperanza loca», pues. No la esperanza de encontrar un sentido a mi vida, ni siquiera la de encontrar un sentido a la vida, sino la esperanza de que pueda existir para cada uno de nosotros la posibilidad de un encuentro, idealmente amoroso, con el mundo del sentido.

¿Por qué no me había topado antes con esta obra, que en el espacio de unos pocos meses se había convertido de repente en algo tan necesario para mí? La respuesta es sencilla: no me interesaban ni la astrología, ni la mitología, ni la descodificación biológica, ni siquiera el lenguaje de los pájaros. Podría haber pasado mil veces por

delante de esas puertas «oficiales» sin entender lo que me esperaba, sin abrir ninguna de ellas y pasar de largo.

Y, sin embargo, hay mucha gente a la que estas mismas disciplinas echan para atrás, por razones bastante comprensibles: bien porque las consideran universos pueriles de creencias o de otra época; bien porque nunca han encontrado más que afirmaciones autoritarias, sin fundamento ni capacidad para cuestionar su base; o, por el contrario, porque les ha desanimado la vana pretensión de cientificidad que a veces encierran. Pero aquí no hay nada de eso.

Hazme caso y juzga por ti mismo: esto es otra cosa.

Se trata de una inspiración a la vez audaz y humilde, que no te pedirá que sacrifiques tu cerebro izquierdo por el derecho, ni al revés. Ni que creas o no creas. Ni que «silencies tu mente» o, por el contrario, que la exaltes con teorías espectaculares. Realmente, es algo totalmente distinto.

¿Cómo hacer accesible esta obra? ¿Qué nueva puerta habría que inventar o construir para ella? Invité a Luc Bigé a una conversación larga, sencilla y abierta. Respondió a mis preguntas. Hablamos del «enigma de mi vida», de una nueva forma de apropiarse de la cuestión del sentido para todos.

Con este libro, espero ofrecer a la obra de Luc Bigé y a sus lectores potenciales, que creo que son muchos, la oportunidad de un primer encuentro.

Sarah Hirschmuller

«... ¿y quieres que deje morir en silencio el enigma de mi vida?»

Alfred de Musset,

Lorenzzacio

Mi vida como enigma

Entender nuestra vida como un enigma ya es un buen punto de partida.

A menudo vemos nuestra vida como un espacio por llenar, un contenedor de cosas adquiridas o por adquirir: estudios, un trabajo, una pasión, hijos, una casa, un jardín, activos financieros, seguridad, una posición social... O puede tratarse de adquisiciones relacionadas con el desarrollo personal: más conocimientos, más libertad, más bienestar o incluso, por qué no, más sabiduría.

Pero en cuanto consideramos sinceramente nuestra propia vida como un enigma, conectamos con su misterio. El misterio que soy para mí mismo, si lo reconozco y me abro a él, me conecta inmediatamente con el gran misterio de la vida, al que de repente me vuelvo extrañamente disponible. Mis representaciones se desvanecen, al menos las más inútiles y, desde luego, las menos útiles para la vida. Algo se desenreda, se despeja y, de repente, se vuelve infinitamente sencillo.

Vivimos en una sociedad basada en el hacer, según un sistema de valores probablemente heredado del protestantismo: «Haz algo con tu vida», es el mandato al que obedecemos de forma bastante inconsciente para la mayoría de nosotros. La doctrina mística conocida antaño como quietismo –la práctica de pasar todo el tiempo en contemplación– se consideraría ahora una forma sospechosa de pereza. No hacer nada está mal visto. Sin embargo, los sueños son la matriz de la realidad, la imaginación su hada buena (o mala). Siempre deberíamos soñar en silencio, profunda y meticulosamente, antes de «hacer».

Cuando no hacemos nada –deliberadamente o a pesar nuestro, cuando estamos aburridos, por ejemplo– entramos en contemplación con nosotros mismos. Hay un infierno del hacer.

Liberarnos del mandato de hacer nos da la oportunidad de entrar en el gran silencio, de redescubrir el sentido o el sabor de uno mismo como misterio.

Esto nos permite, por fin, dejar espacio para el desvelamiento de nuestro interior.

Interrogar el enigma de nuestra vida no es lo mismo que reflexionar: es sobre todo abrirse a una revelación.

Esta revelación no tiene por qué ser ensordecedora; puede llegar en silencio.

Hay que escuchar, con paciencia y ternura, y quedarse quieto, como Hércules cuando se acerca a la Cierva de Cerinia. Es un punto de inmovilización. Cuando llegas allí, te das cuenta de que no hay... precisamente nada que hacer. No tienes que hacer nada para escuchar el enigma de tu vida.

Las leyes del mundo exterior y las del mundo interior están invertidas. En el mundo exterior, está bien hacer cosas, actuar, luchar. Pero explorar el mundo interior tiene casi la función opuesta: luchar allí es infructuoso. Luchar allí es profundizar en tu frustración, ejercer violencia contra ti mismo. Son malas batallas. Tienes que entrar en ti mismo en un estado de desnudez, fragilidad y delicada atención. Es entonces cuando el falso yo empieza a resquebrajarse, cuando nos separamos de nuestras imágenes heredadas o construidas, de nuestros principios nunca revisitados, de los deseos importados que nos habitan... Llegados a ese punto, solo es cuestión de limpiar, deshacer, diluir y disolver... capas y capas de representaciones, que hasta ahora eran otras tantas realidades para nosotros, pero que soltamos poco a poco, nos despojamos de ellas, para alcanzar el corazón de uno mismo.

El deseo y la llamada

Hay varios niveles de deseo. (Siempre hay varios niveles para todo.)

Está el deseo que proviene del instinto: el deseo de sobrevivir, el deseo sexual, el deseo de territorio, que dependen del cerebro reptiliano... Estos deseos son de orden impulsivo. Es importante pensarlos. Si pensamos el deseo, entonces la energía que le dio origen puede disolverse o transformarse, volverse más sutil, más ligera, y unirse, por ejemplo, al plano de la inspiración y la creación –artística, poética o musical.

Es una forma de «envainar» el deseo a medida que surge: verlo, pensarlo y, posiblemente, redirigir su energía. Con demasiada frecuencia, en lugar de considerar nuestro deseo y tomar consciencia de él, nuestra mente se pone inmediata e inconscientemente a su servicio, ralentizándolo en su camino de transformación. Porque muy a menudo tenemos cosas mejores que hacer con nuestros deseos que satisfacerlos. Llega un momento en que las energías del deseo deben transformarse, no por una oscura razón moral, sino porque ese es el sentido mismo del crecimiento y de la vida.

Entonces, si no estamos atentos, el pensamiento y la inteligencia se ponen al servicio del deseo, convirtiéndose en soldados de causas que ni siquiera cuestionan. Así es como nos encontramos, sin haberlo decidido, al servicio del consumo, de la acumulación, del éxito profesional o de la conquista del amor... y de cualquier otro objeto de deseo. Pero,¿sabemos qué hay detrás del deseo? ¡Tantas y tantas cosas! Puede haber un miedo a la carencia, el dolor del abandono, una herida narcisista, una fantasía de omnipotencia...

Tantas cosas que aprisionan y alienan el puro fuego del propio deseo. Esto es precisamente lo que tenemos que mirar de frente, luego mirar de cerca, luego pensar: qué hay en la raíz del deseo. Solo entonces dejaremos de ser rehenes de todo lo que surge en nuestro interior.

Luego hay otra forma de deseo, ligada a la trascendencia. Es un deseo de otro orden. No experimenta la violencia del deseo. Lo encontramos en la llamada que sentimos en lo más profundo de nosotros mismos, en el susurro del Ser, en su profunda dulzura.

Nuestra tendencia natural es no escuchar esta llamada, mientras que el otro deseo ocupa generalmente toda la escena interior y monopoliza toda nuestra atención. Pero si conseguimos escuchar este susurro del Ser, que en realidad procede de lo más profundo del corazón, entonces nuestra vida se abre y florece. Entramos por fin en una misión del alma que, una vez percibida, prevalece inmediatamente sobre todas las misiones que nos hemos dado o construido para existir en el mundo y que son, en realidad, otros tantos escudos, otras tantas defensas más o menos hábiles para no reconocer ni habitar nuestra fragilidad ontológica.

Sin embargo, es la aceptación y el reconocimiento de esta fragilidad lo que nos permite avanzar hacia el misterio, el enigma de nuestra existencia. Ir hacia el misterio, y allí, sobre todo, no hacer nada: dejar que se revele. El ser humano es un animal frágil. En términos filogenéticos, debemos nuestra evolución a nuestra fragilidad, no hay que olvidarlo. Así que, por supuesto, podemos dejar que nuestro cerebro reptiliano nos construya corazas psíquicas, garras competitivas y pensamientos tan afilados como las plumas de bronce de las aves de Estínfalo, pero eso sería dar marcha atrás. Y, por supuesto, dañando tanto a los demás como a uno mismo, lo que, en cierto modo, es una misma cosa. Exponerte a tu propia fragilidad es un camino de evolución –un camino en el que poco a poco descubres que no hay separación entre «mi» vida y la vida.

Este camino comienza en el momento en que reconozco que soy un misterio para mí mismo.

Ser alguien

La dificultad estriba en que, obviamente, no es así como empezamos la vida. Un niño, un adolescente, un joven adulto incluso... necesita construirse una personalidad, encontrar su nota. Luego, como en una orquesta, tiene que aprender a hacer resonar esta nota con las de los demás músicos.

Y más tarde aún, esta nota tendrá que aprender a resonar, en el sentido sonoro del término, con la nota del mundo, o la nota del cosmos, antes de disolverse en la inmensidad, Está en juego todo un proceso que no podemos reducir a ninguno de sus momentos en concreto.

Pero muy a menudo nos detenemos en el camino. Construyes una nota firme, con contornos bien definidos, y dices, ya está, esta es mi nota, yo tengo la verdad y voy a convencer al resto del mundo de que tengo razón.

Y entonces empiezas a hacer proselitismo, lo que parece un comportamiento normal y aceptable a los ojos de la mayoría de la gente, en un mundo en el que está muy bien «luchar por tus opiniones». En resumen, no consigues desvincularte del mundo de la competición, que en realidad es muy violento.

Por eso tenemos mucho que aprender de la música. La música es el arte de escuchar los otros sonidos para resonar con ellos. ¿Cómo podemos escuchar las notas de las personas que nos rodean?

¿Cómo aprendemos a resonar con ellas? Así es como debería funcionar una sociedad.

Un buen director de orquesta no hace nada en realidad, solo indica los movimientos de la respiración... pero da al conjunto la clara consciencia de que el grupo está ahí al servicio de algo mayor que la suma de sus individuos. Está la propia orquesta, y algo aún mayor, aunque invisible, al servicio de lo cual se pone la orquesta. Expresa lo que trasciende al grupo.

No puede haber comunidad duradera sin sentido de la trascendencia.

El sentido del misterio

Hay muchas razones para perder el sentido del misterio.

Están las condiciones del mundo en que vivimos, el grado de evolución, o más bien de involución, de la humanidad... Si vivimos en una gran ciudad, rodeados de hormigón y en un clima de grandes tensiones cotidianas, el alma, o la fragilidad esencial del ser, tiene tendencia a replegarse sobre sí misma, a esconderse.

Así, por ejemplo, después de haber estudiado el tema, creo saber que el número de personas que han tenido experiencias no ordinarias de consciencia es considerable, en torno al 30 o 40% – olvidé la proporción exacta. Sin embargo, nadie habla de ello. Una de cada tres personas de nuestro entorno ha tenido este tipo de experiencia, pero nadie habla de ello. En otras palabras, el alma, la esencia, lo no ordinario, lo extraño, lo desconocido... se esconde. La presión de lo ordinario es demasiado poderosa. Esta es una de las razones por las que ocultamos nuestro propio misterio a los demás o a nosotros mismos. Es una cuestión de autorización en un entorno que no permite mucho.

Luego hay una razón educativa. La educación, tal y como la entendemos en nuestras sociedades, crea un hábito de racionalidad y competitividad que es incompatible con el sentido del misterio. Exalta el sentimiento de separación –el sentimiento de ser distinto de los demás– y aún más la necesidad de distinguirse; también crea una sensación de urgencia, de falta de tiempo. Los ritmos escolares son lo que son, pero no dejan mucho tiempo para soñar, para aburrirse, para holgazanear, para revolcarse en la hierba... Y, sin embargo, es precisamente cuando no hacemos nada cuando surgen las ideas esenciales. No es cuando las buscas activamente, ni cuando las pones en práctica. Al menos esa ha sido mi experiencia. Surgen cuando les das espacio para desplegarse, el espacio de un tiempo que dejamos vacío, sin utilizar.

Otra razón es que la conquista del espacio exterior, a la que nuestra cultura nos incita con fuerza (el éxito significa adquirir siempre «más»: más ingresos, más metros cuadrados, más conocimientos, más reconocimiento, etc.), deja pocas oportunidades para que se despliegue el espacio interior. Pero para que este espacio interior se despliegue, necesitamos habitar el tiempo tanto como sea posible, y para ello, como he dicho antes, necesitamos no hacer nada. El espacio tiende a hablar el lenguaje del tener y el tiempo el lenguaje del ser. Cuanto más conquistamos el espacio (físico, psíquico, económico...), más estamos del lado del objeto y más del lado del tener. Cuanto más estamos del lado del tiempo, más estamos del lado de la inmovilidad y de la presencia del Ser.

Es entonces cuando «eso» surge, o resurge. El enigma de mi vida, como una fuente.

Es una experiencia interesante: quedarse inmóvil en una silla, cómodamente sentado, y decirse a uno mismo «ya está, no hago nada». La mayoría de nosotros no dura ni unos minutos. En primer lugar porque no estamos acostumbrados: nuestra educación siempre nos empuja a hacer cosas; y en segundo lugar porque, muy rápidamente... nos convertimos en un auténtico campo de batalla.

Los pensamientos y las emociones se agolpan, y todo lo que se había escondido bajo la alfombra vuelve, a empujones... Y, sin embargo, esto forma parte precisamente del proceso de curación y limpieza: es una parte esencial de la apertura de nuestro espacio interior. Cuando actuamos en el mundo, construimos y producimos.

Cuando permanecemos en el silencio y la quietud del tiempo con nosotros mismos, en nosotros mismos, las cosas se desenredan y se deshacen. Y si simplemente dejamos que este campo de batalla se despliegue, si nos quedamos ahí y lo observamos, sin aferrarnos a un pensamiento o a una emoción que surja, sin subirnos a ninguno de los trenes que pasan, simplemente dejándolos pasar... este campo de batalla se irá agotando poco a poco, como un manantial que dejamos fluir. Entonces llegará el momento de una intuición decisiva: la consciencia no es pensamiento. Vamos a sentir nuestra consciencia. La «veremos» disociarse, desidentificarse –de nuestros pensamientos, nuestras emociones, nuestras sensaciones…– lo que la tradición esotérica llama nuestros tres cuerpos – mental, emocional y físico. Y sentiremos, finalmente, que no es reducible a nuestra forma «demasiado humana» de sentir y de ser.

Sentiremos que alberga un misterio.

Fragilidad

Si nos aquietamos, tranquilamente, la negación se disipa. Las cosas emergen, nos guste o no.

Nos damos cuenta de nuestros mecanismos de defensa, de las corazas que hemos construido como la culpa, la vergüenza y la tristeza. La tristeza no es una coraza, por cierto. La tristeza es un momento importante. La tristeza nos acerca al Ser. Empezamos a entrar en la nostalgia del primer amor, en la aceptación de la consciencia de que el mundo no es como debería ser en relación con nuestra propia alma, nuestro propio corazón, y eso es una inmensa tristeza. Pero esta tristeza salva la vida: si pasamos por ella, redescubrimos esa dulzura, esa fragilidad interior que es la presencia y el lugar de lo vivo en nosotros. Y eso es lo que resurgirá. La vida es frágil.

¿Qué puede ser más frágil que la vida? Este ser vivo no tendrá nada que ver con la violencia que las técnicas de desarrollo personal permiten o a veces fomentan, basadas en la expresión de uno mismo, de la propia ira o de las frustraciones.

Tampoco tendrá nada que ver con la frialdad distante que proviene de refugiarse en el intelecto durante demasiado tiempo. Conocer lo que está vivo dentro de ti significa entrar en la dulzura, no tengo otra palabra para definirla, en la fragilidad, en la fluidez de una consciencia que permite que emerja todo lo que forma parte de nuestra naturaleza.

La gratitud es importante. Es una de las claves del enigma.

Gratitud

La gratitud no es una cuestión de dar las gracias a alguien por un regalo, no es una cuestión de dar y recibir. Es un estado natural conectado con una consciencia global del sistema. Es un estado que fluye naturalmente de la consciencia de que todo lo que nos sucede es fruto de la historia del universo entero. Esta taza de té, por ejemplo.

Para que esta taza de té caliente llegue a mis manos, alguien tuvo que calentar el agua, poner el té, supervisar la infusión, servir el té... pero antes de eso, también hubo personas que recogieron el té, lo fermentaron y lo transportaron hasta aquí. E incluso antes de eso, hubo otros que regaron las plantas para que crecieran, otros que las sembraron... Y antes de eso, hay toda una tradición agrícola desarrollada a lo largo de generaciones que ha ido transformando la planta, haciéndola cada vez mejor. Ha habido lluvia, frío, calor, ha habido viento y tormentas... Ha habido el sol, y detrás del sol, el nacimiento de la galaxia, y detrás del nacimiento de la galaxia, hay el Big Bang.

Está claro que todo lo que nos rodea y todo lo que nos está ocurriendo en este preciso momento es fruto de la historia del universo. Somos –tú, yo, ahora en esta sala tomando este té– el fruto de la historia del universo. Y si nos damos cuenta de ello, se nos despierta una inmensa gratitud. Porque todo este trabajo, o más exactamente, toda esta obra que se viene realizando desde el origen de los tiempos, literalmente el origen de los tiempos, ha dado como resultado que hoy estemos aquí. Es un puro regalo. Es el inmenso regalo del universo. Ante este regalo, del que formamos parte, este regalo en el que nosotros somos un regalo para nosotros mismos y para el mundo, solo podemos estar... abrumados de gratitud.

Es un regalo sin "contrarregalo", un regalo gratuito, cuya propia gratuidad es ya un enigma. Digamos que le doy a alguien una moneda, en un gesto de pura entrega en el que el que recibe no le debe nada a nadie. Es precisamente esta gratuidad la que le dará alegría, la alegría particular que solo puede dar la gratuidad. Si siente gratitud, entonces, a partir de esta alegría íntima que es la gratitud, él mismo sentirá el deseo de dar algo a otra persona. Dar sin esperar nada a cambio es un sistema que se desborda constantemente. La transacción nunca se cierra: no hay transacción, es una cadena interminable de regalos.

El movimiento de dar nos devuelve al movimiento profundo del universo. Repetir lo que el universo ha hecho por nosotros, lo que sigue haciendo hasta hoy, la forma en que nos trae a la existencia, eso es gratitud. Y es otra forma de contemplar el enigma. Porque todo es... ¡un profundo y perfecto enigma! No sabemos de dónde viene, ¡no sabemos adónde va! Así que nos unimos a la danza, sin ninguna expectativa de retorno, de resultado, de certeza, sin cerrar nada en nosotros mismos. Te entregas a tu propio enigma y al hacerlo te entregas... sin más. Entramos en el juego. Nos convertimos en los actores conscientes de este misterio.

Servicio

La cuestión del servicio puede plantearse a tres niveles.

En el primer nivel, estamos esclavizados. Por obligaciones profesionales, familiares o morales... o por las de nuestro propio superyó. Nos «obligamos a», y nos decimos que estamos sirviendo... pero en realidad no puede haber verdadero servicio sin libertad. Por supuesto, a ese nivel no eres consciente de que no eres libre. Hasta el día en que empiezas a tirar de la correa y ya no soportas más el yugo.

En el segundo nivel, se trata de ponerse al servicio de uno mismo. Esto implica reconocer nuestra propia legitimidad, tomar consciencia de que necesitamos alimentos muy específicos para nutrir lo que hay de único en nosotros y ponernos en condiciones de aportarlo al mundo. A menudo oímos el significado egocéntrico de «ponerse al servicio de sí mismo»: servirse a sí mismo antes que a los demás o en detrimento de los demás, tomarlo todo para uno mismo...

Pero saber ponerse al servicio de sí mismo es una transición, un aprendizaje necesario. Es el famoso proverbio «La caridad bien entendida empieza por uno mismo». Me pongo a mi servicio porque necesito alimentar mi alma, mi ser esencial. Necesito tener... no sé, dinero, libros, un coche, un techo, los medios... para realizar lo que necesito realizar.

Solo entonces entra en juego el tercer nivel, el del verdadero servicio.

No se trata de ponerse al servicio de los pobres o de los indigentes o de lo que sea; esa puede ser la misión de algunos, por supuesto, pero no de todos. Es un servicio que no procede de un estímulo exterior, sino exclusivamente de un impulso interior. «Servir», en este sentido, es ponerse al servicio de la propia alma. La personalidad se convierte entonces en un instrumento que se pone enteramente al servicio del alma. Si el alma, o el ser esencial, o la parte más profunda de uno mismo, como quiera llamarse, es sensible al sufrimiento de los demás, entonces me convertiré en enfermero, terapeuta o sanador.

Pero también puedo haberme convertido en enfermero por subordinación inconsciente a leyes distintas de la ley interior, por ejemplo, porque no soporto el sufrimiento, temo sus expresiones y necesito aliviarlo por razones emocionales, o porque oscuras e invisibles lealtades a alguien de mi historia familiar me obligan a hacerlo. Una misma acción en el mundo puede muy bien corresponder a dos niveles diferentes de servicio. Por un lado, el servicio-servidumbre, marcado por la coacción, la obligación, el deber y muy a menudo, a más o menos largo plazo, el conflicto con uno mismo, ya sea somatizado o consciente... y por otro, el servicio del alma.

¿Cómo saber si estoy al servicio de mi alma, de mi ser esencial? Es muy sencillo. La alegría es siempre la brújula. Lo que hago, lo hago con alegría, con perfecta claridad y sencillez. Y lo más importante, cuando estoy al servicio del alma, ya no dependo de la mirada los demás. Si la persona a la que trato piensa que la trato mal, no pasa nada.

Mejoraré en lo que pueda, si es necesario, y si no, me quedaré contento de haber hecho lo que creo que es correcto.

Pero si, en la misma situación, estoy sirviendo a mi personalidad, probablemente sufriré por la falta de satisfacción o reconocimiento: me enfadaré, me desanimaré, me entristeceré o llenaré de resentimiento... Sabes que has entrado en el espacio del servicio cuando ya no necesitas el reconocimiento del otro para hacer lo que tienes que hacer. Es entonces cuando comienza la verdadera acción del ser en el mundo.

El alma

El alma, el Yo, el ser esencial... El término alma tiene una connotación religiosa, mientras que el término Yo tiene una connotación junguiana –o más bien oriental, originalmente–. Intentamos referirnos a ese espacio de apertura, de pura presencia en el corazón, que asienta a toda la persona en su propio ser, que la «asienta» en la pura sencillez, que hace que ya no necesite la mirada de los demás para existir. Ya sea lugar de refugio, de amor, de paz, de luz o de silencio, la experiencia de cada uno es diferente.

Pero es el único lugar dentro de nosotros mismos donde se descubre nuestra verdadera identidad. Cuando se descubre este lugar, cuando logramos habitar este lugar dentro de nosotros, entonces todo lo demás sobre nosotros, sobre nuestra persona, se convierte en... nadie.

Ya no existe una «persona», existe el Ser.

Podemos decirlo de otra manera. Podríamos decir que es una consciencia. Es un estado de consciencia inmerso en lo inmenso. Jeanne Guyon tenía una bella imagen, decía: sed como una habitación vacía que lo acoge todo y lo deja pasar. El alma es esta habitación vacía.

Pero al mismo tiempo está llena de todo lo que acoge. Es este espacio interior el que, cuando conseguimos habitarlo, nos da una amplitud inmensa, poniéndonos en contacto con el campo telúrico por un lado –el campo magnético terrestre– y con el canto de las estrellas por otro. Es el punto de encuentro de estas dos inmensidades, dentro de nosotros. Es amor puro. Es puro amor. No sé expresarlo de otro modo.

La dificultad es no apegarse a una idea del alma. Mientras permanezcas apegado a una idea del alma, no estarás en el alma. Solo estás en el pensamiento sobre el alma. O en la fantasía del alma. E incluso entonces, ni siquiera eso: estamos agitando pensamientos, o esperanzas, sobre un concepto del alma y esto... es hacer aspavientos.

Los pensamientos, como las emociones, son el lugar de todas las creencias y todas las ilusiones. Solo el cuerpo físico, que habla el lenguaje de la sensación, y el cuerpo intuitivo, que habla el lenguaje del alma, no mienten nunca. Pero hay que saber escucharlos. Si observamos las sensaciones del cuerpo, si estamos atentos a lo que ocurre en el espacio del corazón, o somos sensibles a lo que antes he llamado el susurro del Ser, esa certeza interior que no hace mucho ruido, pero que sabemos que está ahí, entonces «tocamos» nuestra alma. La intuimos. No es exactamente una sensación, por supuesto, pero para los que practican la intuición, es un poco así; existe una noción de percepción certera, límpida.

Para hacerte una idea, puedes pensar en esas cosas que siempre has tenido dentro, que siempre has sabido de ti mismo. Puedes pensar en ese preciso momento de cambio que todos hemos experimentado, a los catorce años, justo en el umbral de la adolescencia: ese momento en el que nos impulsa un sueño loco para nuestra propia vida, en el que nos consume el deseo de adquirir la fuerza y la libertad suficientes para cumplir ese sueño.

«Toda mi vida he querido...»,viajar por el mundo, ser pintor, pianista, bailarín, investigador matemático, criar animales, traer al mundo bebés... ¿Qué hacer con este sueño? A menudo, estas intuiciones parecen irracionales o inadaptadas: ¿cómo voy a ser pintor si nunca he tocado un pincel? Podría ser pianista, pero es demasiado tarde, ¡tendría que haber empezado cuando era más joven! y así sucesivamente. Aquí es donde buscamos todo tipo de «buenas» razones, que en realidad son malas razones, para no seguir la indicación, el camino. El sistema mental interviene, sabe mucho de este juego: la racionalidad entra en acción y esgrime sus argumentos; y también lo hace el sistema emocional, por supuesto: «ah, pero si hago eso, tendré que separarme de mi familia, o me faltarán recursos económicos, me abandonarán, no sé cómo voy a hacerlo, no, no puedo, nunca me atrevería...».

Así que las emociones y los pensamientos, en esta historia, son un poco como hadas malas que se movilizan para oponerse a la intuición y dan muchas razones para esconderla, enterrarla o incluso dejarla caer en el olvido.

Y es una pena. Porque la intuición es transformadora: nos acerca al alma. No nos da la clave del enigma, por supuesto, pero es un primer indicio de la misión íntima, del camino.

Y la buena noticia es que está estrechamente ligada a nuestras sensaciones: cuanto más escuchamos nuestras sensaciones, más dejamos que se despliegue la intuición. Las sensaciones son la cuna de la intuición, la cuna del contacto con nuestra alma.

El deseo de ser amado

El deseo de ser amado es un pozo sin fondo. Nada ni nadie puede colmar el deseo de ser amado. Podemos encontrar todo tipo de razones psicoanalíticas para ello, ligadas al nacimiento, al abandono, a ciertas estructuras de la personalidad, también a ciertas estructuras astrológicas... pero no importa. Es un pozo sin fondo.

El problema es que nuestra cultura actual nos dificulta entrar en contacto tanto con la trascendencia como con la inmanencia. Eso es mucho. Nos convierte en individuos doloridos. Nuestra necesidad de amor es, por supuesto, fundamental, nadie puede escapar de ella; pero si perdemos estas dos conexiones principales de nuestra condición, la inmanencia y la trascendencia, la conexión horizontal y la vertical, entonces empezamos a buscar el amor como podemos, siempre más, en el lugar y la dirección equivocados.

Así que buscamos el amor en los demás, lo esperamos de nuestros hijos, lo deseamos de nuestro jefe, o lo buscamos en el azúcar, en los pasteles... con pocas posibilidades de conseguir nunca el principio de lo que buscamos. El abismo se profundiza.

La mejor manera de acabar con el deseo de ser amado es dejar de llenar ilusoriamente este abismo. Es redescubrir nuestra conexión inmanente con el mundo, que estamos perdiendo al vivir en espacios cada vez más cerrados, separados unos de otros y del mundo natural, que es nuestro verdadero horizonte; y es redescubrir el sentido de la trascendencia, porque al liberarnos de las religiones, ciertamente nos hemos liberado de un cúmulo de creencias alienantes y supersticiones inútiles, pero también hemos tirado al bebé con el agua del baño.

Es imposible que el ser humano viva sin contacto con lo trascendente, y su abismo interior se ahonda si ya no puede mirar al cielo y a las estrellas en busca del secreto de su propio misterio.

En cuanto a la inmanencia, se trata de abrirse a la gratitud, de desarrollar el arte de sentir a los que te rodean, seres, campos magnéticos, el tuyo, el mío, el de esta habitación; el arte de dejarse tocar por ellos. Luego, por extensión, sentir a los seres y energías más allá, extender tu consciencia a espacios más amplios, sentir que perteneces a ellos.

En cuanto a la otra dimensión, la de la trascendencia, se trata de dejarse… fecundar por ella. Pero eso, claro, es fácil de decir, más difícil de hacer cuando no te han educado en ese sentido. Y a la mayoría de nosotros, aquí en Occidente, no nos han educado lo más mínimo.

Creo que tenemos que aceptar nuestro vacío interior. Una vez que te abres a este vacío interior, entonces algo puede soltarse. Hay que dejar de intentar constantemente llenar este vacío con el conocimiento, la búsqueda del amor, la comida, las distracciones, Netflix y todo eso. Por supuesto, una vez que lo hemos llenado, durante un breve momento, tenemos el placer de expresar una bonita *persona* que puede decirse a sí misma: «Ya está, tengo un coche bonito, tengo unos hijos preciosos, me he divertido, he triunfado…», pero todos sabemos que estas satisfacciones temporales son impotentes para satisfacernos.

Por el contrario, podemos intentar hacer frente a esa especie de gran vacío interior que intenta engullirlo todo, mirarlo a la cara... y, finalmente, entrar en él. Ahí es donde se produce el punto de inflexión. Es entonces cuando por fin aterrizamos, tocamos tierra, tocamos ese punto cero de nosotros mismos que de repente nos reabre a la inmanencia y a la trascendencia. Esto supone tener el valor de entrar en ese vacío. Pero es de ahí de donde surge el amor, y ahí donde muere el deseo de ser amado.

Sin embargo, todo lo que digo aquí no debe tomarse como una receta. En realidad, no hay receta.

Digamos que indico una... manera de poner la salsa en el fuego, pero después, nunca es seguro que se produzca la cocción. Ese también es el misterio, el enigma de mi vida.

Porque, en realidad, si sigues anhelando que la comida se cocine, en la tensión de ese deseo, eso significa que parte de tu mente sigue trabajando, pensando: «Voy a transformarme, voy a ser más grande, más elevado, mejor...».

Obviamente, no funciona así. No es la manera de abrir la pequeña anilla del ego. Llegar a este punto cero es a la vez inmensamente sencillo y... una postura interior tan difícil de encontrar, que no hay receta que funcione, porque no es buscándola como se encuentra.

El amor

La gratitud conduce a la gratitud. La gratitud es la forma natural en la que se expresan los seres vivos. Cuanto más practicamos la gratitud, más en contacto estamos con nuestra alma, nuestro ser esencial, o nuestro amor. ¿Cómo expresarlo?

Fíjate en los árboles: cada año dan miles y miles de flores y semillas. Entonces, claro, podemos leer esto de manera darwiniana y decirnos «bueno, un árbol tiene que producir tres mil semillas para que una sola de ellas sobreviva»... si queremos, efectivamente; pero ¿qué importa cómo lo entendamos?

Los árboles no hacen eso porque sean darwinistas, ¿verdad? Lo hacen porque es su naturaleza.

Su naturaleza es dar más de lo útil y necesario, ser generosos con el mundo: sus frutos los disfrutan babosas, ardillas y pájaros. Algunos se pierden, otros enriquecen la tierra.

Eso es gratitud. Significa comportarse como un árbol.

Es dejar florecer tu propia naturaleza, compartirla, darla al mundo, sin esperar nada a cambio. Y eso también es amor. Es el regalo que el universo se hace a sí mismo a través... del ser, a través del árbol y a través de ti y de mí.

Pero requiere confianza. Si no tenemos confianza en nosotros mismos, en los demás y en la bondad del universo, no podemos sentir esta gratitud. Me gusta mucho esta frase, que cito a menudo. Un día, un periodista de la BBC, que entrevistaba a Einstein al final de su vida, le preguntó: «En su opinión, ¿cuál es la pregunta más importante? « Einstein respondió: «Lo más importante es saber si el universo es bueno». Podría haber dicho muchas otras cosas. Podría haber dicho que la cuestión más importante era si la mecánica cuántica era miscible con la relatividad general, por ejemplo. Pero no: «¿Es bueno el universo?» Esta es una pregunta real.

Porque si el universo no es bueno, en el sentido en que acabo de describirlo, entonces es un universo de lucha y competición, en el que hay que pelear para sobrevivir y salir bien parado. Así de simple. Y eso explica y justifica la competencia y la violencia, que son condiciones de supervivencia, medios de vida. Pero si el universo es bueno, la competencia y la violencia no tienen razón de ser. Solo la falta de confianza, en uno mismo o en los demás, solo el miedo a la carencia, y el miedo sin más, motivan la competencia y la violencia.

Pero muy a menudo, en este punto como en tantos otros, nuestra actitud sigue siendo infantil. Para algunos, el universo «bueno» debería ser como una madre que nos proporciona todo lo que necesitamos, como si estuviéramos todavía en la cuna. Pero obviamente no funciona así y la vida nos lo enseña a todos y cada uno de nosotros. Entonces deducimos que el universo no es bueno. Pero a veces la bondad, la verdadera bondad, es una buena patada en el trasero, ¿no? A veces la necesitas para crecer, y tú necesitas crecer. La bondad no es complacer nuestro infantilismo. La bondad es lo que es justo. Está más cerca de la verdad que de la protección, al menos para los seres suficientemente autónomos.

Esta cuestión de la autonomía es el meollo de la cuestión. Se necesita un mínimo de consciencia autónoma para empezar a desear el propio crecimiento y reconocer la posibilidad de la bondad de una buena patada en el trasero. Quizás por eso, como humanidad, estamos recibiendo una gran patada en el trasero en este momento. Porque no podemos querer crecer desde un estado de infantilismo, esta es la tragedia.

En cualquier caso, una cosa es cierta: en estos días nos están quitando nuestros juguetes.

La bondad del universo

El universo es tan bueno que responde exactamente a nuestros pensamientos más íntimos. Si piensas que el universo es injusto, pues bien, será injusto solo para complacerte. Hasta ahí llega la bondad del universo.

Si nos mantenemos en la gratitud, en la energía del corazón, entonces el universo nos hará todo tipo de regalos. Si, por el contrario, construimos una forma-pensamiento que prescribe luchar, aprender a ser violentos, hacer todo para ocupar el primer lugar en algún pedestal, entonces sí, por supuesto, en ese caso el universo nos responderá, nos pondrá los obstáculos apropiados. Porque tenemos que luchar. Por ejemplo, en el momento adecuado, justo cuando creías que por fin ibas a subir a lo más alto del podio, te pondrá a alguien más fuerte que tú justo delante.

Los pensamientos están vivos. No son formas evanescentes que pasan por nosotros durante un breve instante, sin consecuencias. No solo existen dentro de nosotros: incluso cuando no se expresan, tienen un efecto, no solo en nuestro cuerpo de manera psicosomática, sino también en el mundo exterior. Nuestros pensamientos viven ahí fuera, impregnando el entorno donde los pensamos, donde los sembramos. Cuando cambiamos nuestra forma de pensar, los demás a nuestro alrededor cambian de forma natural, aunque no se lo digamos. Nos cambiamos unos a otros a través de nuestros pensamientos.

Así que mientras nos mantengamos dentro de esta forma darwiniana de pensar, es difícil escapar de la competición y la violencia, del sentimiento y la constatación de que no, realmente no podemos decir que el universo sea bueno. Y aquí no se cuestiona a Darwin, que no hablaba de evolución, sino de transformismo. Solo expresaba la idea de que los organismos se adaptan a su entorno según ciertos criterios, como mutación, selección, etc., pero no hablaba de evolución. Fue Spencer quien, basándose en la obra de Darwin, creó un modelo económico basado en la competencia. Pero ahora nos damos cuenta de que en el mundo natural, tanto vegetal como animal, se coopera y comparte infinitamente más de lo que imaginábamos. Hemos descubierto que en los grandes bosques, por ejemplo, los árboles se mantienen unidos por sus raíces subterráneas y es esto lo que garantiza la estabilidad para todos. Es la cooperación lo que da fuerza al mundo vegetal.

O los bastoncillos que tenemos en los ojos y que nos permiten ver los colores: son bacterias reconvertidas que se han asociado al funcionamiento del ojo. En sentido estricto, esto es cooperación. Es la cooperación la que crea las grandes mutaciones, y no la competición. Nuestra visión de este punto está completamente distorsionada, lo sabemos bien en biología, pero estos nuevos conocimientos aún no se han aplicado a nuestra visión de la economía... que haría bien en inspirarse en la economía natural.

La noción de lucha por la vida sigue estructurando nuestra visión del mundo y nuestro lugar en él. Es una especie de gran coraza mental que hemos construido y a la que seguimos sin poder hacer frente. Nos decimos que tenemos que vivir enfrentados en un mundo de tinieblas; o que tenemos que domesticarlo lo mejor que podamos, ser amables y comportarnos de forma educada para que las cosas funcionen un poco mejor para todos; o que tenemos que encontrar el conocimiento, la verdad última, y aplicarla a todo el mundo para traer la felicidad a la humanidad.

Vivimos en una gran mentira, construida por un modo de pensar colectivo que, por un lado, no ha seguido el ritmo de los avances científicos y, por otro, se basa en emociones muy inmaduras. Salir de la mentira no es fácil, es un largo camino. Dejarse atrapar, aunque solo sea por un momento, por la idea de que nuestra propia vida es un enigma, un profundo enigma... es sin duda un primer paso.

Porque la naturaleza salvaje no obedece a la regla de «que gane el mejor». La naturaleza salvaje vive ciertamente en conflicto, pero es un conflicto que crea armonía. Una armonía de increíble belleza, además –la belleza de la naturaleza no se le escapa a nadie–. Los conflictos naturales generan intercambios y conducen a la evolución armoniosa del sistema, mientras que los humanos creamos conflictos que generan caos y una buena dosis de fealdad. «La naturaleza hace las cosas bien», como dice el refrán, y nosotros las hacemos bastante mal. Al menos mientras ignoremos nuestra condición, que es estar vivos y ser también nosotros frutos de la vida. Y nada más.

Así que algo falla, eso está claro. Nuestro sistema social es fundamentalmente competitivo y violento, aunque amortiguado o suavizado aquí y allá por el contrato social, la cortesía, la moral, las buenas maneras y no sé qué más, pero... tan poco. Sin embargo la naturaleza, sin ser cortés, amable o moral, hace cosas maravillosas.

Hay algo que no entendemos. Lo que nos falta es la gratitud, el sentido del compartir, el sentido de la cooperación. No el tipo de cooperación que se nos impone, no el que se contractualiza en el lugar de trabajo, por ejemplo, sino la cooperación que es natural: aquella en la que cada persona da a luz y da al mundo su obra, su fruto, sin miedo, sin apego a sí mismo y sin pedir nada a cambio; y esto crea poco a poco un gran bosque estable y sostenible, con sus miles de millones de raíces entrelazadas en su suelo.

Vivimos en un mundo distorsionado por la historia de la violencia. Tomemos la historia de las relaciones internacionales: ¿por qué hay tensiones entre China y Europa o Estados Unidos? Porque cada nación tiene su propio genio y sus propias heridas, heredadas de esta interminable guerra de todos contra todos que reverbera sin cesar, de causa en consecuencia, y de la que tanto nos está costando salir. ¿Por qué China quiere dominar hoy el mundo? Entre otras razones, porque fue vergonzosamente humillada por los británicos a principios del siglo XX con la Guerra del Opio; y todo esto crea memorias que las naciones cargan sin poder procesarlas todavía. Funcionan como los individuos: un individuo herido querrá recuperar la superioridad dentro de su clan, una nación herida querrá recuperar su supremacía sobre el mundo. Aquí nadie está en paz, ni los individuos ni los colectivos. Simplemente porque nuestra visión del mundo se basa en una herida, y no en... la naturaleza de la naturaleza.

Abrirse hoy al conocimiento científico, al estado de los conocimientos biológicos, abrirse también a la Historia, para una nación, y reflexionar además de cuidar estos lugares de sufrimiento, estas heridas abiertas, es lo que puede conducir de nuevo a una forma de armonía que, a su vez, producirá belleza. Pero esto requiere coraje. Y el verdadero coraje sigue siendo el de aceptar la propia fragilidad, y no el coraje de un Hércules de feria que rompe ladrillos... o envía misiles.

Incertidumbre

Socialmente, a quien no sabe lo que quiere se le considera débil. Nuestra época tiene una ventaja en este punto: hoy en día, a menos que uno esté extremadamente cerrado al estado del mundo, difícilmente puede pretender que sabe lo que quiere. Y podemos expresar legítimamente nuestra incertidumbre y vivir con ella. Al contrario, hasta ahora, socialmente se esperaba que un joven adulto que entraba en la treintena hubiera «encontrado su lugar», es decir, que hubiera adoptado una posición en la vida que excluyera en la medida de lo posible la incertidumbre: una carrera, un camino, un estilo amoroso...

Nos encerramos muy pronto en una postura, una posición social, una habilidad... y, en consecuencia, nos privamos de la extraordinaria creatividad que proporciona la incertidumbre. Después de todo, ¿es tan ventajoso saber qué quieres hacer con tu vida?

El uso de la incertidumbre en la ciencia es ejemplar. La ciencia avanza porque los investigadores... ¡dudan! No me refiero a los «sabelotodo», que cuentan cualquier cosa sin haber investigado nunca ni haber participado en el proceso. Un investigador es alguien que está simultáneamente en el poder de la certeza y en la fragilidad de la duda. Para investigar algo, hay que tener una idea de lo que se investiga y, al mismo tiempo, estar absolutamente seguro de que es falso, que no es eso, que es otra cosa. Entonces se dan las condiciones para el descubrimiento, porque la mente está a la vez orientada y abierta a lo improbable. La certeza nos orienta, pero es el poder de la incertidumbre lo que nos hace avanzar. En eso consiste el protocolo científico: en avanzar constantemente en la dirección que nos hemos marcado mientras dudamos constantemente. Si dudas sin avanzar, te conviertes en una ruina humana; y si avanzas sin dudar, te conviertes en un fanático. Es la unión de la ruina humana y el fanático lo que hace avanzar el conocimiento.

Vemos claramente el poder de la ciencia, que ha progresado considerablemente en los últimos tres siglos. La ciencia aplica esta receta a la vida exterior, al conocimiento del mundo objetivo, pero si aprendiéramos a hacer lo mismo con nuestra vida interior, si aprendiéramos a honrar estos momentos de duda, de incertidumbre y de «no sé qué hacer con mi vida» como fases necesarias, permaneciendo en contacto permanente con nosotros mismos, con la certeza de la existencia de una dirección propia, de una posibilidad de revelación de nuestra naturaleza esencial, entonces las cosas cambiarían mucho más rápidamente.

El autoconocimiento no ha encontrado aún su método.

Conocer y conocerse

«Conócete a ti mismo y conocerás el universo y a los dioses». Inspirándome en los trabajos de Dumézil, diría que existen tres vías de autoconocimiento, basadas en las tres funciones que actúan en el mundo indoeuropeo: la función de soberanía, la función guerrera y la función de producción. De ello se deducen tres grandes familias de aproximación al autoconocimiento.

Lo que hemos tratado hasta ahora es la primera vía, la de la soberanía: meditación, descenso interior, autoobservación y gratitud. Pero también podemos tomar la segunda vía, que es la vía bélica de entregarnos a algo más grande que nosotros, a la defensa de una causa; o podemos tomar la tercera vía, la de la producción: crear una obra de arte, de artesanía, de pensamiento, cultivar un jardín, lo que sea... estar en la acción, en un «hacer», pero un hacer que no sea alimenticio, que sea esencial. Tocar la guitarra, cantar, tejer... todas estas pueden ser formas de revelar una belleza interior. Es un proceso en el que ocurre algo. Estoy haciendo un servicio a la comunidad al producir algo bello, porque es la línea de mi alma, por ejemplo, el ser sensible a la belleza, y al hacerlo estoy tocando mi alma, poco a poco, sirviéndola.

También podemos considerar la misma cuestión desde otro ángulo. Durkheim decía que nos encontramos con lo inefable y la gracia a través de cuatro familias de experiencia: la experiencia mística, la experiencia de la naturaleza, las relaciones con los demás y el arte. Estas son las cuatro maneras en que podemos honrar la presencia de nuestro ser esencial. Según nuestra sensibilidad, privilegiaremos algunas de ellas. Vivir en la naturaleza, estar en contacto con las energías de las plantas, los árboles, los animales, el cielo, toda la belleza de la que hablábamos antes... Cultivar un huerto, cultivar puerros, lo que sea, mucha gente elige este camino, sin saber siquiera que es un camino. Si vivimos así, produciremos belleza, bondad y verdad, como diría Platón –verdad, en realidad, no lo sé, pero belleza y bondad, ciertamente, ya sean frutos de la naturaleza o del arte—. Y conoceremos la alegría de ser útiles al mundo.

La cuestión de la utilidad es el verdadero sentido del servicio: ¿de qué manera puedo yo ser útil, singularmente, desde lo que soy por derecho propio? ¿Qué puedo aportar que nadie más pueda aportar, porque soy único? Porque realmente lo soy; soy único en mi estructura biopsíquica.

Esta es la pregunta que me planteé cuando tuve que elegir. Cuando volví de Estados Unidos, por ejemplo, donde había pasado unos años investigando en la Universidad de San Francisco, me hice esta pregunta: ¿dónde puedo ser más útil? ¿Siguiendo con la investigación o trabajando en el simbolismo? Hay mucha gente que sabe investigar, y desde luego mejor que yo. Sin embargo, no sé si muchos otros habrían podido hacer lo que yo hago hoy, o al menos de la misma manera.

Así que la respuesta fue: vuelvo a Francia para escribir, y publiqué mi primer libro, *La Force du symbolique (la fuerza de lo simbólico)*.

¿Dónde puedo ser más útil en cuanto a mis competencias profundas? Es una pregunta que te permite elegir con consciencia, en el sentido más íntimo de la palabra.

El espejismo del Maestro

En esta búsqueda, la noción de impacto no tiene cabida para nada en la ecuación. Lo más útil no es, desde luego, «lo más útil para el mayor número». «Lo más útil» puede ser criar a tus hijos o alimentar a los pájaros que te rodean. Lo más útil es lo que tú mismo puedes hacer que nadie más hará, no porque seas el mejor o el más competente, sino porque tú eres tú y nadie más es tú o está en tu lugar para hacer lo que tú puedes hacer.

Este es el eterno problema de los maestros que generan discípulos. Los discípulos –hablo de «discípulos» en el sentido más amplio, tanto los de Lacan y Freud, por ejemplo, como los de Ramana Maharshi– se encierran en el pensamiento del maestro. Solo el maestro podía pensar así. Nadie más puede, ni debe, pensar de la misma manera. Así que los discípulos no solo encierran el pensamiento del maestro, sino que permanecen ahí, toda su vida, girando a su alrededor, y al hacerlo no desarrollan su propia especificidad, en el sentido espiritual del término. Este es el espejismo del maestro.

El maestro, por decirlo de alguna manera, es el que sabe encender su chispa de luz. Los discípulos, en cambio, quieren hacer lo que hizo el maestro: quieren encender... la misma chispa que el maestro, mientras se cuentan que gracias a las enseñanzas del maestro van a encender su propia chispa; lo cual puede ser cierto, hasta cierto punto, pero a condición de que se vuelvan autónomos, en lugar de congelar las enseñanzas del maestro en una doctrina.

Jung, Freud o Ramana Maharshi son hombres que han encendido su propia chispa, su propia verdad, que han revelado parte de la naturaleza de la realidad. Su visión es a la vez totalmente exacta y siempre parcial: es una parte de la realidad la que se revela, una parte que el discípulo tiende a tomar por el todo. Así es como nacen las doctrinas, con su pretensión de dar cuenta de la totalidad de las cosas, y el todo siempre acaba siendo... ¡un gran lío!

Una vez más, desde este punto de vista, la ciencia va muy por delante del campo espiritual. En la ciencia, no hay maestro. Solo hay un método: a los «maestros», como Einstein o Planck, se les cuestiona constantemente. La deriva continental, por ejemplo, tardó décadas en ser aceptada como una verdad científica: hay verdaderas controversias, una oportunidad para la investigación genuina.

Por tanto, la cuestión de la utilidad no es cuantitativa; está necesariamente ligada a una cualidad del ser, y solo a ella, a su justo despliegue. No puede medirse. Tanto si es ínfima o inmensa, si hacemos un favor a una hormiga o al planeta, no importa, siempre que sea un verdadero servicio, es decir, la expresión de una cualidad del ser que procede de lo que somos... profunda y singularmente.

La intuición

Lo difícil es no confundir todo tipo de misiones que nos asignamos en la vida, por muchas buenas y malas razones, con la misión de vida que está en uno mismo. A menudo hablamos de «encontrar su misión de vida», pero no creo que sea algo que buscas y encuentras, como definirías tus «objetivos de vida». Es más bien una sensación que despiertas, un sentido de la vida dentro de ti al que intentas prestar atención. De lo contrario, es fácil que nos desviemos por nuestros propios deseos y representaciones, es decir, que nuestras emociones y nuestra mente se involucren en cosas que realmente no les conciernen.

Se trata de escuchar, ya no de saber, ya no de creer, sino de escuchar. Te abres a las señales, a las sincronicidades y a los encuentros, poniéndote a disposición de lo desconocido y lo improbable. Es caminar por la calle y escuchar una conversación en un café, y captar tres palabras que te resuenan. Es aceptar una invitación a un espectáculo al que nunca habrías ido por tu cuenta, y en el transcurso de ese espectáculo conocer a alguien que va a hablarte de algo que de repente, por alguna razón, te suena. Es abrir un libro al azar y encontrar una frase, escuchar lo que tiene que decirte. Es... dejarse fecundar.

La dificultad reside en encontrar el justo equilibrio. Ciertos estados límite pueden ser peligrosos para las personas muy abiertas al inconsciente y demasiado desestructuradas en su mente consciente. Del mismo modo que, a la inversa, otras son demasiado estructuradas en la mente consciente y, por tanto, extremadamente cerradas a los mensajes del inconsciente. Es un equilibrio delicado.

¿Cómo abrirse a la intuición... sin crear ilusiones, es decir, sin engañarse con «intuiciones» que en realidad no lo son, que no son más que pensamientos teñidos de emoción, o emociones teñidas de pensamientos?

En nuestras culturas occidentales, estamos claramente demasiado organizados en la mente consciente. Somos tan apolíneos... Basta con mirar nuestras ciudades, nuestros edificios: todo es vertical, en línea recta, bajo control y adaptado al control. ¿Qué le queda a Dionisio, que es la contrapartida necesaria de Apolo? ¿Cuándo se expresa la energía dionisíaca, si no es en los partidos de fútbol, en la violencia cinematográfica y en la pornografía? Dionisio está confinado en lugares específicos o escondido detrás de las pantallas. En el pasado, existían todos los rituales de éxtasis colectivo en la antigua Grecia, luego, en la Edad Media, las fiestas de los pueblos, el carnaval... Toda esta embriaguez, que nace de la participación en la vida comunitaria, ha sido prácticamente borrada de la escena pública hoy en día, en beneficio de un inmenso deseo de control. No nos vendría mal perder un poco de control, al menos ese control.

Pero más allá de esta división más o menos equilibrada entre lo consciente y lo inconsciente, debemos comprender que la intuición tiene algo de impersonal. La intuición no va especialmente conmigo. Puedo recibirla sin comprenderla realmente. Es algo que me sorprende, algo que no pertenece al orden de lo conocido, ni al orden del deseo. Es una certeza interior, pero impersonal e incolora. Desciende de lo alto. Surge cuando no la espero, cuando dejo de tener ideas preconcebidas o esperanzas. Aparece cuando ya no hay esperanza, cuando ya no hay expectativas, cuando ya no hay... cuando ya no hay respuestas. En realidad, no se puede definir una intuición, porque definir es cosa de la mente, y la intuición escapa a la mente, es de otro orden. Pero digamos que podemos dar algunas indicaciones de cómo surge.

Henri Poincaré, el matemático, escribió una famosa historia para explicar el papel de la intuición en sus investigaciones. Contó que, después de haber bebido demasiado café por la noche, dar vueltas a un montón de ideas sobre un problema matemático –una equivalencia entre no sé qué sistemas– y dormir muy poco, al día siguiente se fue de viaje. Tomó el tren, luego el ómnibus y, en el mismo momento en el que pone el pie en el estribo del ómnibus, ¡pam! Lo «sabe». De repente, sabe que estos dos sistemas matemáticos son equivalentes. Toma nota en su cabeza, vuelve a casa y hace algunos cálculos para comprobarlo... y, efectivamente, después de pensarlo un poco, consigue demostrar que esos dos famosos sistemas son equivalentes.

Eso es intuición. Es algo que ocurre cuando uno se sube al estribo de un tren, ha tomado demasiado café y sus neuronas están excitadas... ¡Esa es la receta! En otras palabras, se trata de lo inesperado. y al mismo tiempo, por supuesto, la intuición surge porque ha pensado largo y tendido sobre el problema.

La intuición no cae del cielo en cualquier sitio ni de cualquier manera: necesita una matriz para revelarse. Es un rayo de luz que necesita encontrar una matriz de reflexión para reflejarse y hacerse visible. Eso es lo que significa «reflejar»: crear esta matriz.

Todos lo hemos experimentado: pensamos todo el día, toda la noche, nos quedamos dormidos pensando en un tema... y por la mañana nos despertamos con la solución. O hay momentos en nuestra vida en los que nos devanamos los sesos preguntándonos quiénes somos, cuál es nuestra misión en la vida, qué hemos venido a hacer a este maldito planeta... La «respuesta» nunca surge de este pensamiento obsesivo. Llega en un momento inesperado, un momento de dejarse llevar, de concentrarse en otra cosa, y ¡zas! Como Poincaré con su estribo. En un momento dado, «soltó» su reflexión, el tiempo suficiente para subir el escalón, y entonces la intuición literalmente «bajó del cielo».

Pero mientras sigamos haciéndonos la pregunta ansiosa y obstinada de nuestra «misión vital», no obtendremos respuesta. Porque la única respuesta que nos permitirá abrirnos y soltar es comprender que, en realidad, nos importa un comino. No tiene ninguna importancia. Nos importa un comino lo que hagamos con nuestra vida. A nadie le importa un comino, y a ti, el primero. Deja de molestar a todo el mundo, y a ti mismo en particular, con tu pregunta. Entonces, en medio de este hastío, de esta resignación, de esta apertura a pesar tuyo, de repente surge una idea en tu cabeza: ¿y si hiciera eso? Es diminuta, tenue, no hace ruido, pero cuando te acostumbras a ella, puedes reconocerla: ¡es una intuición!

Abrirse a lo desconocido también significa —voy a decirlo así a falta de una palabra mejor, aunque sea muy inadecuada— dejar de darse importancia a uno mismo. Mientras estemos apegados a nosotros mismos, permaneceremos cerrados a lo desconocido. Forzosamente.

En algún momento, hay que dejar de ocuparse de uno mismo. El desarrollo personal prescribe lo contrario: «cuídate, ocúpate de ti mismo». Claro que tienes que cuidarte si quieres sentirte mejor. Hay etapas. Pero llega un momento en que ya no ves adónde te lleva el bienestar. Llega un momento en el que has hecho todo lo posible por alcanzar el bienestar, en el que empiezas a buscar el "más–ser». En ese momento, el desarrollo personal ya no sirve de nada.

Es entonces cuando tienes que abrirte a lo desconocido, es decir, dirigir tu consciencia hacia el misterio, el enigma de la existencia. Y realmente no hay receta para esto. Nadie te va a decir cuál es el enigma de tu vida. En primer lugar, porque tu enigma es único, y en segundo lugar...

En segundo lugar, porque, en última instancia, este enigma no es tuyo. Pertenece a la gran geometría, al gran juego, a la danza del universo que te atraviesa.

Nuestra especie

Nuestra especie está aún muy lejos de captar la belleza de este gran juego y de querer servirlo unívocamente. Es cierto que, colectivamente, estamos en una situación bastante desastrosa y que probablemente sea demasiado tarde. De hecho, para decirlo sin rodeos: es demasiado tarde. Pero aún podemos evitar lo peor. Siempre hay algo peor. Lo peor sería lo que Hubert Reeves llama el escenario de Venus, es decir, el calentamiento global que conduce a la fusión del permafrost y la liberación del metano que contiene, sabiendo que el metano tiene 4 veces el valor calorífico del CO_2 y esto desencadenaría una reacción en cadena, todo ardería y la vida se volvería rápidamente imposible. Aún no hemos llegado a ese punto.

¿Quizás la humanidad tenga que pasar por esto para volverse por fin con decisión hacia el enigma de su vida, hacia una consciencia interior liberada de la codicia y la omnipotencia?

La humanización aún no ha concluido. Nuestra especie tiene, ¿cuántos? ¿300.000 años de historia? En gran medida, los humanos seguimos siendo animales. Como los animales, necesitamos un territorio físico, con casa propia y todo eso, jardín, tierra... pero también, por extensión, un territorio social, como el profesional.

La defensa del territorio es lo que caracteriza el mundo animal y el cerebro reptiliano está adaptado a ello. En segundo lugar, también tiene una enorme necesidad de libertad exterior: ¡no se puede encerrar a un animal salvaje! El hombre aún no ha encontrado la libertad interior. Por último, se busca a sí mismo en el poder, las relaciones de fuerza y la dominación. Aún no ha aprendido a servir lo que es más grande que él.

Las relaciones de dominación, la necesidad irreprimible de libertad y la necesidad de territorio son tres cualidades animales que el hombre sigue experimentando en su propia naturaleza y a su manera, es decir: con toda su inteligencia. Las amplifica, las hace más complejas, teoriza sobre ellas y, en definitiva, las hace infinitamente más temibles.

Pero esta inteligencia aún no ha entrado en contacto con el mundo de las estrellas. No ha desarrollado suficientemente su capacidad para dejarse fecundar por la intuición, su atención y sensibilidad a las necesidades del universo, su comprensión de la armonía entre todos los reinos, su capacidad para encontrar su lugar en la naturaleza... Estamos en una fase de transición, y creo que este periodo aparentemente oscuro en el que estamos entrando podría brindar una oportunidad para esta rehabilitación, que probablemente forma parte de la historia de la especie. Sin duda, el Occidente cristiano no ignoraba estas verdades, ya que los tres votos monásticos tenían precisamente por objeto purgar al animal del hombre para abrir plenamente su consciencia y su cuerpo a Dios. Por mucho que se hayan malinterpretado o maltratado a lo largo de los siglos, quizá merezca la pena volver sobre ellos para encontrar una nueva inspiración para nuestro tiempo.

El propósito del voto de obediencia era frenar la poderosa e instintiva necesidad de libertad de los animales no domesticados, obligando a nuestro impulso animal a decir «sí» al mundo, a aceptar totalmente lo que es, tal como es, incluso en sus recovecos más injustos e inaceptables. Enfrentarse al absurdo de nuestras heridas, verse obligado a aceptar lo inaceptable: se trata sin duda de un ascetismo cruel. Pero parece que al aceptar esta limitación extrema de su libertad, el animal humano desarrolla un sentido de libertad interior, a medida que aprende a vivir su vida sin depender del mundo exterior. Y tal vez, algún día, sea capaz de pensar de todo corazón en la profundidad metafísica de la proposición de Leibniz: sí, este mundo bien puede ser el mejor de los mundos posibles. Podríamos llamar a esta vía la vía del Centauro, la de Quirón, el centauro sanador, que, por muy sanador que fuera, conoció el calvario de un sufrimiento continuo ligado a una herida tan incurable como injusta.

El segundo voto, el de pobreza, pretendía frenar la necesidad de los animales de poseer bienes. Y de hecho, nuestras prácticas de marcar, defender y extender nuestro territorio son las de gran parte del mundo animal. En este sentido, ir a la Luna no tiene nada de específicamente humano: ¿quizá no deberíamos estar tan orgullosos de ello?

El compromiso con la pobreza obliga al deseo de posesión a replegarse sobre sí mismo, para que el ser humano pueda aceptar ser poseído a su vez. Poseído... por la voluntad de su dios, o por «espíritus», por una de las muchas fuerzas significantes que acechan en lo invisible. Esta difícil ascesis del despojamiento, que llega hasta la aceptación de la muerte, es la fuente de una metamorfosis en la que la riqueza exterior se transforma en riqueza interior nacida de una impregnación de uno mismo por los mundos invisibles. Idealmente, este es el camino del chamán.

Por último, el voto de castidad frena la poderosa e instintiva necesidad que tienen los animales de reproducirse. Obliga a la sexualidad a volverse hacia el interior para que el asceta acumule suficiente energía en su cuerpo para poder dejarse fecundar por el Espíritu sin ser fulminado por él.

En realidad, la obediencia te hace libre, la pobreza te hace rico y la castidad te hace fértil. Pero es cierto que estas herramientas, extraordinariamente poderosas para liberar al hombre de la vida animal, son peligrosas y tóxicas si se aplican a ciegas, sin claridad de intenciones, sin consciencia de su razón de ser, o se imponen por la fuerza. Con el pretexto de la elevación espiritual, la aplicación indiscriminada de preceptos religiosos ha creado generaciones de zombis desposeídos, frustrados y dependientes.

Pero hoy, al menos en Occidente, donde se supone que estamos liberados de estas aberraciones, ¿seremos capaces de mirar con nuevos ojos y dar sentido a las limitaciones y privaciones que tarde o temprano caerán sin duda sobre nuestras sociedades, después de que hayamos destruido en parte nuestra propia casa?

Todo esto, por supuesto, lo planteo sin ninguna certeza. Es la única explicación que encuentro plausible. De lo contrario es absurdo, una especie destruyendo su biotopo.

Totalmente absurdo.

El capitalismo

El capitalismo es una doctrina extremadamente poderosa.

Ha logrado aplastar casi todas las demás culturas del planeta. ¿Cómo lo ha conseguido? Prometiendo la satisfacción inmediata de todos los deseos. Es una promesa muy poderosa, pero también muy regresiva: en un mundo impulsado por esta promesa, ya no hay necesidad del proceso de individuación, ya no hay retrospectiva, ya no hay pensamiento, nada: solo deseos satisfechos. La satisfacción de los deseos cortocircuita todos los demás procesos, poniendo fin a... todo lo demás. Pero en las próximas décadas, nuestros deseos ya no podrán satisfacerse tan simplemente. Así que vamos a tener que dar un paso atrás en esta doctrina, a menos que prefiramos aferrarnos como locos a la promesa capitalista y... experimentar la frustración y el infierno.

En cualquier caso, pensemos lo que pensemos y nos situemos del lado que nos situemos, una fuerza histórica está actuando.

Hay quienes se aferran al sistema sin ver que el siguiente paquete de patatas fritas, la siguiente lata de refresco o el siguiente artilugio tecnológico, en realidad, no satisfacen una necesidad sino que alimentan una carencia que se renueva constantemente; y hay quienes pasarán a otra cosa. La consciencia va a tener que abrirse a algo distinto que a su necesidad inmediata. No hay ninguna garantía de que esto vaya a ocurrir... y al mismo tiempo, tendrá que ocurrir, en un grado u otro, en un momento u otro.

Eso no significa que los que den un giro y abran su consciencia no vayan a ser arrastrados junto con los demás en... ¡el gran diluvio! Todos estamos en el mismo barco. Pero digamos que, en general, es esta transformación la que tendrá lugar o no. Y no es una cuestión de ricos y pobres o lo que sea: realmente estamos todos en el mismo barco y culpar a unos o a otros no tiene sentido. Se trata en realidad de una situación global, vinculada a un sistema único, y no de las malas acciones de unos pocos; y cuando damos un paso atrás para ver el sistema, para comprender que todo en él es eminentemente interactivo, entonces dejamos de juzgar, de acusar... y eso en sí mismo es un beneficio.

Porque el juicio de valor es como un punto fijo que congela el eterno movimiento y la incesante renovación del mundo del sentido. En todas las sociedades, el juicio es la prerrogativa de los moralistas: al pensar «como se debe», no arriesgan sus ideas, reciben honores y consideración, y frenan la necesaria evolución de las organizaciones sociales y de las aventuras individuales que, en estos tiempos de crisis, tanto desea el espíritu de la época.

Desde el punto de vista del crecimiento interior, los juicios de valor son siempre un callejón sin salida. Donde hay juicio, no hay experiencia íntima, sino solo un gesto de exclusión o de repliegue, un gesto que proclama una separación ilusoria, porque en realidad todos estamos conectados. El juicio es un vano intento de definir los contornos y los lugares del bien y del mal, de identificarse con uno para disociarse mejor del otro, convirtiéndose así en un «biempensante» y recibiendo las gratificaciones que ello conlleva.

Sabemos por experiencia que en el mejor de los casos, estos intentos son inútiles, y en el peor, terriblemente mortíferos cuando, entre los argumentos de unos y las razones de otros –porque todos ellos están endiabladamente seguros de tener razón–, allanan el infierno con sus buenas intenciones hasta convertirlo en auténticos campos de batalla. Pero si, en algún momento, se consigue sentir que la otra persona tiene buenas razones para pensar lo que piensa, aunque no se esté de acuerdo con ella; si llegamos a ese momento en el que nos damos cuenta de que no existe el «bien» o el «mal», ni el «mérito» o la «culpa», sino solo la interacción de una consciencia-energía que atraviesa a individuos, pueblos y generaciones; y si, por último, nos damos cuenta de que nosotros mismos formamos parte de esa interacción, hasta en nuestras convicciones más profundas... entonces la acusación y el reproche caen por su propio peso.

Y eso es el perdón. Perdonar es el milagroso desenlace que se produce en nosotros cuando nos damos cuenta de que, en realidad, no hay nada, nunca ha habido nada que perdonar.

Una sociedad compasiva

Nuestros tiempos son difíciles porque hemos rechazado tanto la idea de trascendencia como la realidad de un contacto inmanente y horizontal con lo que nos rodea. Eso es mucho.

La inmanencia es el contacto consciente con el inconsciente de otras personas, animales y los demás reinos de la naturaleza. Significa abrirse a la dimensión horizontal, al mundo que nos rodea.

Acoger la trascendencia significa abrirse a la dimensión vertical, a lo que viene «de arriba», del cosmos incognoscible, de las estrellas.

En la inmanencia, la consciencia se abre a algo mayor que ella misma, poco a poco, a través de su entorno, siempre en una dimensión horizontal. De hecho, se abre a lo Inmenso.

La trascendencia consiste en acoger fuerzas y poderes capaces de transformarnos, con todos los riesgos que ello conlleva, incluida la embriaguez del poder, en la que uno pronto se cree un dios. Es la búsqueda del «superhombre» del que habla Nietzsche, o del otro superhombre del que habla Sri Aurobindo, aunque no sean lo mismo, por cierto.

Es el contacto directo con los arquetipos, en su forma dual de sombra y luz, que son poderes en acción –el numen de los antiguos griegos, es decir, poderes invisibles que actúan en el mundo.

La inmanencia es la expansión horizontal de la consciencia a través del mundo conocible; la trascendencia es el descenso vertical de lo incognoscible.

Nuestro corazón es un espacio de unión entre la trascendencia y la inmanencia. Situar nuestra consciencia en el corazón abre nuestra sensibilidad a la inmanencia, es decir, a todo lo que nos rodea, y crea al mismo tiempo una matriz capaz de acoger la trascendencia.

Por eso, en el mito de Prometeo, se nos dice que se le ha arrebatado la visión del futuro a la raza humana: se le ha suprimido el fuego del corazón. Ahora el hombre solo tiene fuego sexual y fuego mental. El ser humano es un inventor –el fuego de la mente– y un ser libidinal –todo el mundo sabe lo que es eso–. Pero vive sin visión de futuro, con miedo al futuro, porque se le ha arrebatado el fuego del corazón.

Creo que, ante la catástrofe que se anuncia, la única salida es redescubrir ese «fuego del corazón», es decir, avanzar conscientemente hacia una sociedad compasiva. Eso, al menos, es algo que cada uno puede hacer a su manera. No vendrá de un gobierno, de una mejor educación, de una nueva legislación o de decisiones políticas. Ocurrirá en la vida cotidiana, a través de las acciones de cada uno de nosotros.

¿Por qué separamos los residuos en nuestros cubos de basura? No es porque nos puedan multar por no hacerlo. Lo hacemos porque tenemos una consciencia sentida del sufrimiento del planeta: esta consciencia ha penetrado en el corazón de la mayoría de las personas y la mayoría separamos nuestros residuos con corazón. Los cambios ligados a innovaciones normativas son superficiales y efímeros. Lo que cambiará nuestro comportamiento es una consciencia mejor asentada en el espacio del corazón y de la compasión, una consciencia que haya desarrollado las cualidades del corazón que son la gratitud, la no competitividad, la sensibilidad ante el sufrimiento de los demás, de la naturaleza y de los animales que criamos para comérnoslos o de los animales salvajes a los que impedimos vivir.

Nuestra sociedad confunde el corazón sentimental, tan propenso a la miseria y a la cursilería, con el amor del que es sede. Sin embargo, las cualidades del corazón no podrían estar más alejadas de una emocionalidad superficial y fácil. La valentía, por ejemplo –recordemos que en Francia, hasta hace poco, «avoir du coeur» significaba tener valor–, es una de las cualidades heroicas que se confieren a quienes han colocado firmemente su consciencia en el corazón: entonces se levantan y se atreven. Me llamó la atención este detalle, que a nadie se le escapó, durante el intento de atentado terrorista en el tren Thalys hace unos años: solo dos pasajeros se levantaron e intentaron neutralizar al terrorista: eran dos estadounidenses. Ninguno de nuestros conciudadanos tuvo el más mínimo impulso comparable. Sin duda, los estadounidenses han integrado mejor que nosotros, franceses sobreprotegidos por nuestro Estado del bienestar, esta cualidad del amor que individualiza al sujeto y le da la fuerza de levantarse, de intervenir, de atreverse a mover su corazón hacia el bien común.

Comprender, amar, transformar

En primer lugar, comprender. Comprender significa alejarse de la división: soy provacunas, soy antivacunas, soy pro-Biden, anti-Trump, la izquierda, la derecha, Black Lives Matter, Me Too... Comprender significa alejarse de la dualidad, o más exactamente, de la lógica de la dualidad. Ya no elijo bando. O mejor dicho, elijo mi acción, mi posición, por supuesto, pero puedo entender la posición del otro y la necesidad de esa posición. Por ejemplo, en el tema de las vacunas, si me pongo a reflexionar –no hablo de «tener una opinión», sino de reflexionar realmente– puedo entender que es legítimo recomendar la máxima vacunación, esperar que se produzca en grandes cantidades, porque es un esfuerzo que ayuda a construir la inmunidad colectiva. Pero también puedo entender que sea legítimo no vacunarse porque se defiende la libertad individual, una cierta idea de la salud por un lado y la democracia por otro... Ambas posturas son legítimas, aunque sean contrarias. Ninguna es absurda. Las grandes decisiones se toman entre opciones legítimas, tanto a nivel individual como colectivo; de lo contrario, no serían tan difíciles de tomar.

Comprender no es una palabra vacía. Se trata de reconocer la legitimidad y quizá incluso la necesidad de la postura de la otra persona, aunque no esté de acuerdo con ella, o no lo esté en absoluto. Cuando puedes hacerlo, entras en una nueva dimensión de amor. Cuando puedo sostener en mi corazón la legitimidad de la postura de la otra persona y la legitimidad de mi propia postura, sin conflicto, entonces dejo de intentar convencerla. Por fin podré amarla. El proselitismo es siempre, en cierto modo, una negación del otro. Hay que comprender para amar. Llegar a conocer.

Comprender es una forma de conocer que nos permite amar. Y amar te hace libre. Darse a uno mismo y al otro el espacio para la transformación. Es porque amo, tal como amo, que ya no quiero cambiar a la otra persona o la situación, sino que, por el contrario, me adaptaré y encontraré mi lugar en esa situación. Y eso es lo que va a permitir la transformación. Voy a dejarme transformar y así dejaré a la otra persona el espacio para un posible cambio. A la inversa, el deseo de convencer no deja a la otra persona espacio para su propia transformación, aunque las ideas que se le proponen le hayan tocado o incluso secretamente convencido. A veces, en el centro de la batalla, se ve que la posición del otro es correcta... pero sigue siendo una batalla y ningún combatiente tiene la ventaja de abrirse y dejarse transformar mientras esté bajo una lluvia de balas intelectuales cuyo único objetivo es ganar una posición.

El cambio interior necesita un espacio vacío, hecho de duda, de errancia y de no saber, para fructificar. Por el contrario, todo proselitismo conduce a una radicalización de las posiciones.

Una buena manera de domesticar el arte de comprender, por oposición al arte de la guerra, es permitir que nuestra consciencia habite en la percepción de lo infinito. El sentido del infinito es un rasgo humano: honrar a nuestros muertos, como hacemos a través de nuestras religiones, es contemplar la infinitud del tiempo tras el fin de la vida; hacer matemáticas es cuestionar el gran misterio de la racionalidad del mundo y sus infinitos teóricos; mirar las estrellas por la noche abre nuestra consciencia a la infinitud del espacio; sentarse a meditar abre a la infinitud metafísica que cada uno de nosotros lleva dentro... Todos estos accesos al infinito son formas de descentrarnos de nuestras preocupaciones cotidianas y de los sistemas de creencias que a menudo nos hacen la vida imposible. Poco a poco, este regocijo de las alturas desciende hasta nuestra finitud, enriqueciéndola y transformándola.

Es el sentido de lo infinito lo que nos humaniza. Se opone a los movimientos instintivos de constitución del sí mismo por repliegue sobre uno mismo, tal como se adquieren y perfeccionan en el reino animal. Es cierto que la posesión de un territorio, el deseo de satisfacción del deseo y la libertad absoluta vivida como una forma de errancia incesante alimentan la consciencia personal. Pero solo la apertura de esta consciencia al infinito nos da una idea de lo que sería ser más; es la única manera de relacionarnos con el mundo de misterio en el que brilla el enigma de nuestras vidas.

Sería presuntuoso, sin embargo, pretender abrirnos al infinito creyéndonos liberados de lo finito. Hay que pensar lo infinito en función de lo finito y de sus diferentes modos de repliegue; de lo contrario, por el juego incesante del boomerang, el miedo a lo inmenso puede surgir en cualquier momento e imponer un repliegue brutal. Esto es lo que creo que ilustra la tendencia histórica actual: asistimos ahora a un resurgimiento de los nacionalismos en todo el mundo. ¿No se deberá esto al miedo al universalismo, ideal heredado de la Ilustración y encarnado, por ejemplo, en el intento de Unión Europea? ¿No será que la apertura de la consciencia hacia la universalidad ha forzado los límites de la consciencia colectiva, dando al individuo la dolorosa impresión, e incluso provocando el

pánico, de perder todas sus raíces y ver devastado su dominio ? Así es como podemos comprender estos resurgimientos nacionalistas en lugar de asustarnos o indignarnos por ellos, lo que no nos exime de comprender la exigencia de universalidad que se ha plantado ya en el corazón del hombre y de la que, con toda probabilidad, nunca podremos librarnos.

Si seguimos esta inspiración para comprender nuestra situación global, podríamos pensar lo siguiente: comprendo la génesis, la historia y la legitimidad del sistema económico industrial que hoy conocemos. Ha dado lugar a progresos considerables, sobre todo en el ámbito de la salud, con un descenso de la mortalidad infantil y tantas otras cosas... Lo comprendo, así que no me convierto en un antiproductivista. Reconozco los beneficios de este poder, de inspiración masculina, por otra parte.

Pero también comprendo el otro lado de la cuestión, que yo llamaría «la posición de lo femenino», porque en este caso es todo el resto de la naturaleza, una encarnación del arquetipo de la Gran Diosa, la que está siendo maltratada, explotada y a la que se hace sufrir.

Entonces, sin duda, se puede tejer algo entre el poder de lo masculino y el poder de lo femenino, entre estas dos grandes líneas de energía. ¿No nos estamos acercando a ese punto? ¿Un gran reequilibrio vital a favor de la energía femenina?

Alineación

Vivimos en una parcela muy estrecha de la realidad.

Sin embargo, todas las células de nuestros cuerpos, toda la materia que nos rodea, todos los metales pesados, todo... nació en las estrellas. Somos literalmente hijos de las estrellas, físicamente. Lo olvidamos. O no lo sabemos. Cuando nos enteramos, nos acordamos un tiempo... pero luego volvemos a nuestros pequeños asuntos: qué voy a almorzar, dónde me voy de vacaciones... y nos encerramos en un mundo más pequeño, que puede ser tranquilizador, pero que no nos permite comprender nuestra condición, tomar su verdadera medida. Pongamos fin a eso. El mundo pequeño nos hace actuar según automatismos mal adaptados a las necesidades del momento, del universo y, muy a menudo, de nuestras propias necesidades.

Tomemos la cuestión de las vacaciones, por ejemplo. Respiramos hondo, miramos en nuestro interior y nos preguntamos: ¿es esto realmente importante para mí? Para mí. Para mí. Ni para mi familia, ni para presumir, ni para nada. ¿Y si tuviera que hacer algo aún más importante para mí que tomarme unas vacaciones este verano, algo para... lo que hace un rato llamábamos mi alma?

Cuando dejas una rutina automática, o dejas de sacrificarte por una convención social, recuperas tu energía.

Entonces sí, puede poner en entredicho la Navidad, las vacaciones familiares y hacer estallar muchos rituales sociales, eso seguro. Pero, ¿podemos permitirnos aún hoy el lujo de no hacer estallar... lo que hay que hacer estallar? Porque ya no tenemos tres siglos por delante,

solo veinte años. Si tuviéramos tres siglos, aún podríamos decirnos a nosotros mismos, bueno, lo haremos despacio, en silencio, iremos con cuidado con todo el mundo. Pero hoy no. Si cada uno de nosotros no explota individualmente, si cada uno de nosotros no está a la altura de sus verdaderas necesidades y de sus verdaderos límites, todo el planeta explotará.

Así que no creo que hoy en día podamos permitirnos el lujo de transigir con las rutinas de grupo. Cada individuo tiene el deber de ser fiel a su propia esencia.

Digo todo esto... pero al mismo tiempo desconfío mucho de las soluciones. No hay solución. Un economista dirá que necesitamos más presupuesto, un militar dirá que necesitamos un ejército más grande, un psicólogo dirá que necesitamos más entendimiento entre las personas y un técnico dirá que necesitamos una mejor conexión a internet, así que... cada uno tiene su pequeña solución. Pero no hay «solución». La solución surgirá de las mil, tres mil, tres millones o cuatro mil millones de personas que se atrevan a decir su verdad. Que se atrevan con su alma. Que se atrevan a amar. Así que es una batalla para todos. Contra el miedo a no tener éxito, contra el miedo a que nos falte de algo, contra todas esas patologías que arrastramos. Pero para ello tenemos que aceptar que la vida es un combate heroico y no una búsqueda obstinada de seguridad.

Me gustaría volver al ternario de Dumézil, que he mencionado antes, relativo a las tres funciones que nos dan tres claves para avanzar por el camino de nuestro propio enigma. Podemos elegir el camino

del soberano, que explora el mundo interior a través de la oración, la meditación o el ejercicio de un poder ligado a la trascendencia; podemos elegir el camino del guerrero, que se encuentra consigo mismo a través del combate heroico; o podemos elegir el camino del creador, artesano, artista o investigador, que dedica su vida a la creación de su obra.

Si tomas cualquiera de estos caminos, ya no te faltará nada. Quien ha encontrado verdaderamente su camino tiene pocas necesidades. Y no tiene biografía. Ya no está interesado en sí mismo. Esto no significa que ya no se ocupe de su persona, que se olvide de sí mismo: se convierte en el vehículo que hay que cuidar y mantener para que sea lo más apto posible para su servicio. Un servicio con el que se ha puesto en contacto internamente, que ha reconocido, aceptado y comprendido. A partir de ese momento, ya no tiene necesidad de compensación: se nutre de la obra que actúa a través de él.

Así pues, se acabaron las tentaciones de la Coca–Cola, del karaoke, un coche grande, la enésima laca de uñas o unas vacaciones de esquí.

La sociedad de consumo es en realidad una sociedad de consuelo. El consuelo de no saber quién eres, de no estar en contacto con tu alma, de no estar en el amor, en tu verdad, etcétera. Y a fuerza de ser consolados, a fuerza de que nuestro sufrimiento sea compensado con ganancias, recompensas o placeres, por un lado seguimos siendo niños, incapaces de tomar el camino heroico que tan desesperadamente necesitamos tomar, y por otro... bueno, estamos destruyendo el planeta.

La humanidad sigue siendo infantil. Eso no es malo en sí mismo, pero crecer en sabiduría, convertirse en Sapiens, no es... una elección. De un modo u otro, a las buenas o a las malas, la vida se encarga de hacernos crecer.

El juego
de la vida

Hegel decía que el propósito del universo es llegar a ser consciente de sí mismo. Así que el universo inventó ojos para verse a sí mismo: los ojos de los gusanos, las avispas, los nictálopes, los ojos humanos. Inventó oídos para oírse a sí mismo, lenguas para hablarse a sí mismo y bocas para conocerse a sí mismo, probarse a sí mismo, saborearse a sí mismo. Sapere, en latín, es el origen de «saber» y «saborear». En el momento en que saboreo algo, el universo toma consciencia de sí mismo a través de mi acción de comer. Toma consciencia de su sabor. De ahí la analogía con la noción de saber: prueba, sabe, sabe, mmhhhh, sabe, a través de mí, lo bueno que está, lo suave que está, lo amargo, lo dulce, lo incomible...

Eso es lo que empezamos a «ver» cuando olvidamos el punto de vista de nuestra personalidad, que no es más que un punto de vista muy, muy pequeño sobre el mundo. ¿Qué pasaría si intentáramos adoptar el punto de vista del universo?

En primer lugar, podemos ver que se trata de una danza continua. Está claro que nuestras representaciones –la vida, el nacimiento, la muerte, el cuerpo, el alma, el más allá, la reencarnación...– no son más que torpes intentos de establecer puntos de referencia en esta gran danza, este gran juego en el que el universo está aprendiendo a descubrirse, a conocerse. No solo a través de los cinco sentidos humanos, por supuesto, sino a través de la multiplicidad de sentidos que ha desarrollado en todos los reinos, en los animales y en las plantas, ¡todos estos sentidos que no tenemos y que ni siquiera conocemos! La capacidad de las plantas para sentir la luz, la vibración, la capacidad de las abejas para ver la luz polarizada... a poco que salgamos de nosotros mismos, descubriremos una riqueza inmensa, una inventiva infinita que nos dejará sin aliento.

Y a partir de ahí, «nuestros» retos desaparecen. En cuanto amplías tu percepción, ya sea en la dimensión de la inmanencia o de la trascendencia, ya sea en la idea de que el universo busca conocerse a sí mismo a través de todas sus creaciones, y que los humanos solo somos una de sus miles de millones de creaciones... te das cuenta de que nuestros problemas son mediocres, insignificantes. Lo comprendemos sin desprecio, sin juicios de valor, sin humillarnos a nosotros mismos: simplemente se nos aparece, por un simple efecto de desproporción. Entonces muchas cuestiones se vuelven totalmente irrisorias, y el apego a uno mismo también se vuelve totalmente irrisorio.

Esta es la gracia del desarrollo impersonal. Todo lo que creías tan importante se desvanece, no porque se haya resuelto, sino porque ya no le das ninguna importancia. Igual como hoy ya no damos ninguna importancia al problema del sexo de los ángeles, que fue un problema durante toda la Edad Media, ¡y hubo hombres que incluso se pelearon por ello! Pues bien, el problema nunca se resolvió. Pero a medida que la consciencia se apartó de él, cayó por sí solo. Pronto ocurrirá lo mismo con muchas otras cuestiones que aún hoy nos parecen tan importantes.

Entonces podremos por fin respirar. Abrirnos a la alegría del mundo y simplemente participar. Sin encerrarnos en nosotros mismos e inmovilizarnos en nuestra vergüenza, nuestra culpa, nuestro «me equivoqué», «no lo hice bien», «no lo conseguí»... Todas estas son cuestiones «demasiado humanas», ¡pero al universo no le importan! Si no se realiza a través de nosotros, encontrará otros caminos. Y nos ofrecerá otras oportunidades para seguir jugando con él. Así que, por favor, abrámonos, y nada más. Nada es serio, porque no hay nada en juego. Todo es solo un juego.

Al fin y al cabo, ¿cuál es el propósito de la vida? Podríamos discutirlo durante vidas, pero para mí, la respuesta definitiva a esa pregunta es: la vida.

El propósito de la vida es la vida.

Todo lo demás, la cuestión del sentido, del yo, del alma, del bienestar, de la seguridad, de la evolución... todo eso son etapas, peldaños, subproductos, representaciones parciales de un todo inmenso que nos resulta extremadamente difícil comprender. Pero que sin embargo existe.

En última instancia, solo existe la fuerza de la vida. No hay nada más. Esta fuerza circula, produce formas. Produce unos «yo», «tú», «nosotros», civilizaciones, cataclismos, residuos... Pase lo que pase, en última instancia, la vida siempre «ocurre». Circula, trabaja, así, todo el tiempo, y seguirá haciéndolo, aunque tenga que destruir el planeta y a nosotros con él.

Solo vemos esta «vida» desde nuestra diminuta perspectiva humana. No conocemos sus poderes inhumanos. Así que sí, pienso y siento que todo esto, en realidad, es un gran juego. Es el juego de la vida. Y aquí no estoy hablando de la vida como un fenómeno que apareció en un momento preciso de la historia de nuestro planeta, estoy hablando de... esta gran Vida que anima el gran Todo, esta «vida más abundante» de la que hablan los Evangelios y a la que nuestra consciencia a veces consigue despertarse, en la que a veces consigue mantenerse el tiempo suficiente para encontrarse iluminada.

Y es una alegría. Es la alegría de la danza del universo, que se manifiesta en un movimiento permanente: los átomos danzan, los planetas danzan, la tierra gira alrededor del sol, que gira alrededor del centro de la galaxia... Todo esto es una gran danza, lo que se llama, en el hinduismo, la «gran Lilâ divina», la manifestación de la vida, el principio del movimiento.

Pero, ¿qué hay en el origen del movimiento? No lo sabemos.

Esta es la energía de la que hablo, la energía cuyo origen no podemos cuestionar. No tiene que justificar nada, no pide nada a nadie, sigue adelante, sigue encontrando alegría en el sufrimiento. Es el amor fati de Nietzsche. Si quieres acercarte al desafío último, estar en lo último, eso es todo lo que queda.

Después de eso, al lado o por debajo, como tantas otras partes y subpartes de esta gran vida, están por supuesto todas nuestras filosofías, nuestras religiones, nuestras creencias, nuestras representaciones, que van y vienen, se hacen y deshacen con la historia y con el tiempo. Pero más allá se perfila la orilla del optimismo último: el objetivo de la vida es la vida.

No hay «problema». Solo existe... este magnífico cosmos, la magnificencia de este gran juego.

Índice

ediciones **Vesica Piscis**

https:// **vesicapiscis.eu**

contacto: **administracion@vesicapiscis.eu**